Espaces littéraires

La Parure

Guy de Maupassant

Cornelsen

La Parure[1]

→ Mathilde

→ Monsieur Loisel

1 la parure: Schmuck

I

C'était une de ces jolies et charmantes[1] filles, nées, comme par une erreur[2] du destin[3], dans une famille d'employés. Elle n'avait pas de dot[4], pas d'espérances, aucun moyen d'être connue, comprise, aimée, épousée[5] par un homme riche et distingué[6] ; et elle se laissa marier[7] avec un petit commis[8] du Ministère de l'instruction[9] publique.

Elle fut simple, ne pouvant être parée, mais malheureuse comme une déclassée[10] ; car les femmes n'ont point de caste[11] ni de race, leur beauté, leur grâce[12] et leur charme leur servant de naissance et de famille. Leur finesse[13] native[14], leur instinct d'élégance, leur souplesse[15] d'esprit sont leur seule hiérarchie[16], et font des filles du peuple les égales des plus grandes dames.

Sentiment de Mathilde nous disent quelque chose sur la superficialité de notre société

1 charmant/e *adj.*: se dit de quelqu'un qui plaît beaucoup → le charme: *syn.* l'attrait *m.*
2 l'erreur *f.*: *syn.* la faute
3 le destin: Schicksal
4 la dot: un bien qu'une femme apporte en mariage *m.*
5 épouser qn: jdn heiraten → l'époux *m.*: le mari; l'épouse *f.*: la femme
6 distingué/e *adj.*: *hier* vornehm
7 marier qn: donner un époux ou une épouse à qn
8 le commis: l'employé *m.* dans un bureau, dans une maison de commerce
9 l'instruction *f.*: l'éducation *f.*, l'enseignement *m.*
10 déclassé/e *adj.*: sozial herabgesetzt, herabgestuft
11 la caste: Kaste
12 la grâce: *syn.* le charme
13 la finesse: Feinheit, Scharfsinn, Schlauheit
14 natif/-ive *adj.*: naturel/le; apporté/e en naissant
15 la souplesse: Biegsamkeit, Flexibilität
16 la hiérarchie: Rangordnung

Elle souffrait sans cesse, se sentant née pour toutes les délicatesses[1] et pour tous les luxes. Elle souffrait de la pauvreté de son logement, de la misère des murs, de l'usure[2] des sièges[3], de la laideur[4] des étoffes[5]. Toutes ces choses, dont une autre femme de sa caste ne se serait même pas aperçue, la torturaient[6] et l'indignaient[7]. La vue de la petite Bretonne qui faisait son humble[8] ménage[9] éveillait[10] en elle des regrets[11] désolés[12] et des rêves[13] éperdus[14].

Elle songeait aux antichambres muettes[15], capitonnées avec[16] des tentures[17] orientales, éclairées par de hautes torchères[18] de bronze[19], et aux deux grands valets[20] en culotte courte[21] qui dorment dans

---

1 la délicatesse → délicat/e *adj.*: agréable *m./f.* au goût, exquis/e
2 l'usure *f.*: Abnutzung → user qc: abnutzen
3 le siège: Sessel, Stuhl
4 la laideur → laid/e *adj.*: désagréable *m./f. adj.* à la vue
5 l'étoffe *f.*: Stoff
6 torturer qn: *ici fig.* tourmenter qn
7 indigner qn: jdn empören, jdn aufbringen
8 humble *m./f. adj.*: qui est d'une condition inférieure; qui est conscient de ses limites *f. pl.*, de ses faiblesses *f. pl.*
9 le ménage: Haushalt
10 éveiller: tirer du sommeil; *fig.* exciter, provoquer, faire naître
11 le regret: Bedauern, Reue
12 désolé/e *adj.*: très affligé/e, attristé/e
13 le rêve: Traum
14 éperdu/e *adj.*: *hier* verzweifelt
15 muet/te *adj.*: stumm
16 capitonner avec: garnir avec, couvrir de, tendre de
17 la tenture: un rideau tendu, une tapisserie → tendre: *hier* bespannen
18 le torchère: Fackelnhalter
19 de bronze *m.*: Bronze-
20 le valet: Diener, Lakai
21 la culotte courte: pantalon qui ne couvre les jambes *f. pl.* que jusqu'aux genoux *m. pl.*

les larges fauteuils[1], assoupis[2] par la chaleur lourde du calorifère[3]. Elle songeait aux grands salons vêtus de soie[4] ancienne, aux meubles fins portant des bibelots[5] inestimables, et aux petits salons coquets[6] parfumés, faits pour la causerie[7] de cinq heures avec les amis les plus intimes, les hommes connus et recherchés[8] dont toutes les femmes envient[9] et désirent l'attention.

bekannte, begehrte, Männer von welchen jede Frau die Aufmerksamkeit will

Quand elle s'asseyait, pour dîner, devant la table ronde couverte d'une nappe[10] de trois jours, en face de son mari qui découvrait la soupière[11] en déclarant d'un air enchanté[12] : « Ah ! le bon pot-au-feu[13] ! je ne sais rien de meilleur que cela… », elle songeait aux dîners fins, aux argenteries[14] reluisantes[15], aux tapisseries peuplant les murailles de personnages anciens et d'oiseaux étranges au milieu d'une forêt de féerie ; elle songeait aux plats[16] exquis servis en des

1 le fauteuil: Sessel
2 assoupi/e *adj.*: endormi/e à demi
3 le calorifère: tuyau de l'appareil *m.* destiné à chauffer toute une maison
4 la soie: Seide
5 le bibelot: un petit objet de luxe *m.* ou décoration *f.*
6 coquet/te *adj.*: *ici* élégant/e, joli/e
7 la causerie → causer: *ici* s'entretenir, parler familièrement
8 un homme recherché: ein begehrter Mann
9 envier qc (à qn): désirer vivement ce qu'un autre a/possède, souhaiter qc
10 la nappe: le linge dont on couvre la table pour prendre les repas *m. pl.*
11 la soupière: le récipient creux et large dans lequel on sert la soupe
12 enchanté/e *adj.*: très content/e, ravi/e, charmé/e
13 le pot-au-feu: plat *m.* composé de viande *f.* de bœuf *m.* avec des carottes *f. pl.* et des poireaux *m. pl.* etc.
14 l'argenterie *f.*: la vaisselle d'argent *m.*
15 reluire: briller (luire) en réfléchissant la lumière
16 le plat: la pièce de vaisselle plus grande et plus creuse que l'assiette, *p. ex.* un plat de viande

vaisselles merveilleuses, aux galanteries[1] chuchotées[2] et écoutées avec un sourire de sphinx[3], tout en mangeant la chair[4] rose d'une truite[5] ou des ailes[6] de gélinotte[7].

Elle n'avait pas de toilettes, pas de bijoux[8], rien. Et elle n'aimait que cela ; elle se sentait faite pour cela. Elle eût tant désiré[9] plaire, être enviée, être séduisante[10] et recherchée.

Elle avait une amie riche, une camarade de couvent[11] qu'elle ne voulait plus aller voir, tant elle souffrait en revenant. Et elle pleurait pendant des jours entiers, de chagrin[12], de regret, de désespoir et de détresse[13].

---

1 la galanterie: la politesse, l'empressement *m.* auprès des dames *f. pl.*, l'amabilité *f.*
2 chuchoter: parler bas à l'oreille *f.*
3 le sourire du sphinx: *expr.* undurchdringliches Lächeln
4 la chair: Fleisch
5 la truite: Forelle
6 l'aile *f.*: le membre de l'oiseau qui lui sert à voler
7 la gelinotte: une sorte de poule *f.* sauvage
8 le bijou: Schmuck
9 elle eût tant désiré: *subjonctif plus-que-parfait* sie hätte sich so gern gewünscht
10 séduisant/e *adj.*: qui charme, qui plaît beaucoup → séduire: verführen, verlocken, bezaubern
11 le couvent: la maison de religieux ou de religieuses
12 le chagrin: Kummer ≠ la joie
13 la détresse: l'angoisse *f.*, l'affliction *f.*, le grand danger

II

Or, un soir, son mari rentra, l'air glorieux[1] et tenant à la main une large enveloppe.

– Tiens, dit-il, voici quelque chose pour toi.

Elle déchira vivement le papier[2] et en tira une carte imprimée[3] qui portait ces mots :

« Le ministre de l'Instruction publique et Mme Georges Ramponneau prient M. et Mme Loisel de leur faire l'honneur de venir passer la soirée à l'hôtel du ministère, le lundi 18 janvier. »

Au lieu d'être ravie[4], comme l'espérait son mari, elle jeta avec dépit[5] l'invitation sur la table, murmurant :

– Que veux-tu que je fasse de cela ?

– Mais, ma chérie, je pensais que tu serais contente. Tu ne sors jamais, et c'est une occasion, cela, une belle ! J'ai eu une peine infinie à l'obtenir. Tout le monde en veut ; c'est très recherché et on n'en donne pas beaucoup aux employés. Tu verras là tout le monde officiel.

Elle le regardait d'un œil irrité[6], et elle déclara avec impatience :

– Que veux-tu que je me mette sur le dos pour aller là ?

↳ On dirait qu'elle n'est pas satisfait de son mari

1 glorieux/-euse *adj.*: rayonnant/e de joie

2 elle déchira vivement le papier: elle ouvrit l'enveloppe *f.* en toute hâte *f.*, rapidement

3 imprimer: gedruckt

4 ravi/e *adj.*: enchanté/e, charmé/e

5 le dépit: la tristesse mêlée de colère *f.*

6 irriter qn: mettre qn en colère *f.*

Il n'y avait pas songé ; il balbutia[1] :

– Mais la robe[2] avec laquelle tu vas au théâtre. Elle me semble très bien, à moi...

Il se tut, stupéfait[3], éperdu[4], en voyant que sa femme pleurait. Deux grosses larmes descendaient lentement des coins des yeux vers les coins de la bouche ; il bégaya[5] :

– Qu'as-tu, qu'as-tu ?

Mais, par un effort violent, elle avait dompté[6] sa peine et elle répondit d'une voix calme[7] en essuyant ses joues[8] humides[9] :

– Rien. Seulement je n'ai pas de toilette et par conséquent[10], je ne peux aller à cette fête. Donne ta carte à quelque collègue dont la femme sera mieux nippée[11] que moi.

Il était désolé. Il reprit[12] :

– Voyons, Mathilde. Combien cela coûterait-il, une toilette convenable, qui pourrait te servir encore en d'autres occasions, quelque chose de très simple ?

---

1 balbutier: stammeln
2 la robe: Kleid
3 stupéfait/e *adj.*: surpris/e, étonné/e
4 éperdu/e *adj.*: bestürzt, *hier* verzweifelt
5 bégayer: stottern
6 dompter qc: *ici fig.* vaincre qc, maîtriser qc
7 calme *m./f. adj.*: tranquille ≠ agité/e
8 la joue: partie du visages située des deux côtés du nez au-dessous des yeux *m. pl.*
9 humide *m./f. adj.* ≠ sec/sèche; ses joues ~ s … mouillées de larmes *f. pl.*
10 par conséquent *adv.*: donc, en conséquence
11 nippé/e *adj.*: habillé/e → les nippes *f. pl.*: *fam.* les habits *m. pl.* surtout vieux, usés
12 reprendre (~ la parole): parler à nouveau

Elle réfléchit quelques secondes, établissant ses comptes[1] et songeant aussi à la somme qu'elle pouvait demander sans s'attirer un refus[2] immédiat et une exclamation effarée[3] du commis économe[4].

Enfin, elle répondit en hésitant :

– Je ne sais pas au juste[5], mais il me semble qu'avec quatre cents francs je pourrais arriver[6].

Il avait un peu pâli[7], car il réservait juste cette somme pour acheter un fusil et s'offrir[8] des parties de chasse[9], l'été suivant, dans la plaine de Nanterre[10], avec quelques amis qui allaient tirer des alouettes[11], par-là, le dimanche.

Il dit cependant :

– Soit.[12] Je te donne quatre cents francs. Mais tâche d'[13]avoir une belle robe.

---

1 établir ses comptes *m. pl.*: *ici* compter, faire ses calculs *m. pl.*
2 s'attirer un refus: essuyer un ~, s'exposer à un ~ obtenir un ~
3 effaré/e *adj.*: troublé/e, effrayé/e
4 économe *m./f. adj.*: qui évite de dépenser de l'argent inutilement
5 au juste *adv.*: *ici* exactement
6 arriver (~ au but *m.*): réussir
7 pâlir: blass werden
8 s'offrir qc: se faire un plaisir, un cadeau
9 la partie de chasse: Jagdausflug
10 Nanterre: ville au nord-ouest de Paris, département des Hauts-de-Seine
11 l'alouette *f.*: Lerche
12 soit!: *ici* (ainsi) soit (-il)!, d'accord!, très bien
13 tâcher de faire qc: syn. essayer de faire qc

III

Le jour de la fête approchait, et Mme Loisel semblait triste, inquiète, anxieuse[1]. Sa toilette était prête cependant. Son mari lui dit un soir :

– Qu'as-tu ? Voyons, tu es toute drôle[2] depuis trois jours.

Et elle répondit :

– Cela m'ennuie[3] de n'avoir pas un bijou, pas une pierre[4], rien à mettre sur moi. J'aurai l'air misère comme tout[5]. J'aimerais presque mieux ne pas aller à cette soirée[6].

Il reprit :

– Tu mettras des fleurs naturelles. C'est très chic[7] en cette saison-ci. Pour dix francs tu auras deux ou trois roses magnifiques. Elle n'était point convaincue.

– Non... il n'y a rien de plus humiliant[8] que d'avoir l'air pauvre au milieu de femmes riches.

Mais son mari s'écria :

– Que tu es bête ! Va trouver ton amie Mme Forestier et demande-lui de te prêter des bijoux. Tu es bien assez liée avec elle[9] pour faire cela.

---

1 anxieux/-euse *adj.*: soucieux/-euse, inquiet/inquiète
2 drôle *m./f. adj.*: *hier* komisch, eigenartig
3 cela m'ennuie: cela m'embête; cela me gêne
4 la pierre: *ici* la pierre précieuse comme le diamant, le rubis, l'améthyste *f.*
5 avoir l'air *m.* misère *f.* comme tout: *expr. fam.* recht armselig aussehen
6 la soirée: *ici* une réunion tenue le soir
7 chic *m./f. adj.*: élégant/e
8 humilier qn: blesser qn dans son amour-propre *m.*, dans sa fierté, sa dignité
9 être lié/e avec qn: *syn.* être intime avec qn

obsédé - besessen

Elle poussa un cri de joie.

– C'est vrai. Je n'y avais point pensé.

Le lendemain, elle se rendit chez son amie et lui conta sa détresse.

Mme Forestier alla vers son armoire[1] à glace, prit un large coffret[2], l'apporta, l'ouvrit, et dit à Mme Loisel :

– Choisis, ma chère.

Elle vit d'abord des bracelets[3], puis un collier[4] de perles, puis une croix vénitienne[5], or et pierreries[6], d'un admirable travail. Elle essayait les parures devant la glace, hésitait, ne pouvait se décider à les quitter[7], à les rendre. Elle demandait toujours :

– Tu n'as plus rien d'autre ?

– Mais si. Cherche. Je ne sais pas ce qui peut te plaire.

Tout à coup elle découvrit, dans une boîte de satin noir, une superbe rivière de diamants[8] ; et son cœur se mit à battre d'un désir immodéré[9]. Ses mains tremblaient en la prenant. Elle l'attacha autour de sa

---

1 l'armoire *f.*: Schrank
2 le coffret: le petit coffre
3 le bracelet: l'ornement *m.* que les femmes *f. pl.* portent au bras *m.*
4 le collier: la parure d'or *m.*, de diamants *m. pl.* etc. qui se porte autour du cou
5 vénitien/ne *adj.*→ de Venise: aus Venedig
6 les pierreries *f. pl.*: les pierres précieuses *f. pl.*
7 quitter qc: *ici syn.* enlever qc, se séparer de qc
8 la rivière de diamants *m. pl.*: Diamantenkollier
9 immodéré/e *adj.*: qui n'a pas de modération, excessif/-ive

gorge[1], sur sa robe montante[2] et demeura en extase[3] devant elle-même.

Puis, elle demanda, hésitante, pleine d'angoisse[4] :

– Peux-tu me prêter cela, rien que cela ?

– Mais oui, certainement.

Elle sauta au cou de son amie, l'embrassa avec emportement[5], puis s'enfuit avec son trésor.

---

1 la gorge: la partie située à l'avant du cou *m.*, le haut de la poitrine

2 la robe montante: la robe qui couvre la poitrine et les épaules *f. pl.* ≠ la robe décolleté/e

3 en extase *f.*: ganz hingerissen von jdm/etw. sein

4 l'angoisse *f.*: l'anxiété *f.*, l'inquiétude *f.* pénible devant un danger

5 avec emportement *m.*: stürmisch

IV

Le jour de la fête arriva. Mme Loisel eut un succès. Elle était plus jolie que toutes, élégante, gracieuse, souriante et folle[1] de joie. Tous les hommes la regardaient, demandaient son nom, cherchaient à être présentés. Tous les attachés[2] du cabinet voulaient valser[3] avec elle. Le Ministre la remarqua[4].

Elle dansait avec ivresse[5], avec emportement, grisée[6] par le plaisir, ne pensant plus à rien, dans le triomphe de sa beauté, dans la gloire de son succès, dans une sorte de nuage[7] de bonheur fait de tous ces hommages[8], de toutes ces admirations, de tous ces désirs éveillés, de cette victoire si complète et si douce au cœur des femmes.

Elle partit vers quatre heures du matin. Son mari, depuis minuit, dormait dans un petit salon désert[9] avec trois autres messieurs dont les femmes s'amusaient beaucoup.

Il lui jeta sur les épaules les vêtements qu'il avait apportés pour la sortie[10], modestes vêtements de la vie

---

1 fou/fol/folle *adj.*: qui a perdu la raison
2 l'attaché *m.*: un membre du personnel d'un ministère, d'une ambassade
3 valser: danser la valse (= danse dans laquelle deux personnes *f. pl.* tournent ensemble sur elles-mêmes)
4 le ministre la remarqua: *syn.* elle attira l'attention *f.* du ministre
5 l'ivresse *f.*: l'état *m.* d'une personne ivre → ivre *m./f. adj.*: qui a le cerveau troublé (par l'alcool) (*hier fig.*)
6 griser: rendre à moitié ivre, *fig.* faire perdre la raison
7 le nuage: Wolke
8 l'hommage *m.*: la marque de respect *m.*
9 désert/e *adj.*: très peu fréquenté/e *adj.*
10 la sortie: *hier* Ausgang, Ausflug

ordinaire, dont la pauvreté jurait avec[1] l'élégance de la toilette de bal. Elle le sentit et voulut s'enfuir, pour ne pas être remarquée par les autres femmes qui s'enveloppaient de riches fourrures[2].

Loisel la retenait :

– Attends donc. Tu vas attraper froid[3] dehors[4]. Je vais appeler un fiacre[5].

Mais elle ne l'écoutait point[6] et descendait rapidement l'escalier. Lorsqu'ils furent dans la rue, ils ne trouvèrent pas de voiture ; et ils se mirent à chercher, criant après les cochers[7] qu'ils voyaient passer de loin. Ils descendaient vers la Seine, désespérés, grelottants. Enfin, ils trouvèrent sur le quai un de ces vieux coupés[8] noctambules[9] qu'on ne voit dans Paris que la nuit venue, comme s'ils eussent été honteux de leur misère pendant le jour.

Il les ramena jusqu'à leur porte, rue des Martyrs[10], et ils remontèrent tristement chez eux. C'était fini, pour elle. Et il songeait, lui, qu'il lui faudrait être au Ministère à dix heures.

---

1 jurer avec qc: contraster avec qc; *p. ex.* le vert jure avec le bleu
2 la fourrure: Pelz
3 attraper froid: *syn.* prendre froid
4 dehors *adv.* ≠ dedans
5 le fiacre: la voiture à chevaux qu'on louait à la course ou à l'heure
6 ne … point: *litt.* ne … pas du tout
7 le cocher: celui qui conduit une voiture à chevaux et est assis sur le siège de celle-ci
8 le coupé: la voiture fermée à quatre roues *f. pl.*, généralement à deux places *f. pl.*
9 noctambule *m./f. adj.*: se dit d'une personne qui aime fêter ou s'amuser la nuit
10 la rue des Martyrs: rue des 9e et 18e arrondissements de Paris, ancien chemin menant au village de Montmartre

Elle ôta les vêtements dont elle s'était enveloppé les épaules, devant la glace[1], afin de se voir encore une fois dans sa gloire. Mais soudain elle poussa un cri. Elle n'avait plus sa rivière autour du cou !

Son mari, à moitié dévêtu[2] déjà, demanda :

– Qu'est-ce que tu as ? Elle se tourna vers lui, affolée[3] :

– J'ai... j'ai... je n'ai plus la rivière de Mme Forestier.

Il se dressa, éperdu :

– Quoi !... Comment !... Ce n'est pas possible !

Et ils cherchèrent dans les plis[4] de la robe, dans les plis du manteau[5], dans les poches, partout. Ils ne la trouvèrent point.

Il demandait :

– Tu es sûre que tu l'avais encore en quittant le bal ?

– Oui, je l'ai touchée dans le vestibule[6] du Ministère.

– Mais si tu l'avais perdue dans la rue, nous l'aurions entendue tomber. Elle doit être dans le fiacre.

– Oui. C'est probable. As-tu pris le numéro ?

– Non. Et toi, tu ne l'as pas regardé ?

– Non.

---

1 la glace: *ici* le miroir
2 dévêtu/e *adj.*: déshabillé/e
3 affolé/e *adj.*: paniqué/e ≠ rassuré/e *adj.*
4 le pli: le double qu'on fait à une étoffe, à du papier; on plie une lettre avant de la mettre sous enveloppe *f.*
5 le manteau: le large vêtement de dessus
6 le vestibule: la pièce d'entrée dans une maison ou un appartement, qui sert de passage *m.* pour aller dans les autres pièces *f. pl.*

Ils se contemplaient[1] atterrés[2]. Enfin Loisel se rhabilla[3].

– Je vais, dit-il, refaire tout le trajet que nous avons fait à pied, pour voir si je ne la retrouverai pas.

Et il sortit. Elle demeura en toilette de soirée, sans force pour se coucher, abattue[4] sur une chaise, sans feu, sans pensée.

Son mari rentra vers sept heures. Il n'avait rien trouvé. Il se rendit à la Préfecture de police[5], aux journaux, pour faire promettre une récompense[6], aux compagnies de petites voitures, partout enfin où un soupçon[7] d'espoir le poussait. Elle attendit tout le jour, dans le même état d'effarement[8] devant cet affreux[9] désastre[10]. Loisel revint le soir, avec la figure[11] creusée[12], pâlie ; il n'avait rien découvert.

– Il faut, dit-il, écrire à ton amie que tu as brisé la fermeture[13] de sa rivière et que tu la fais réparer. Cela nous donnera le temps de nous retourner[14].

Elle écrivit sous sa dictée.

---

1 contempler qc: *syn.* regarder qc (avec attention *f.*)
2 atterré/e *adj.*: *syn.* être consterné/e, désolé/e
3 se rhabiller: s'habiller de nouveau
4 abattu/e *adj.*: *fig.* découragé/e, désespéré/e
5 la Préfecture de police: Polizeipräsidium
6 la récompense: le bien qu'on fait à qn en reconnaissance *f.* d'un service
7 le soupçon: Verdacht
8 l'effarement *m.*: effaré/e *adj.* (→ II – éperdu/e *adj.*)
9 affreux/-euse *adj.*: qui cause de l'effroi *m.* – das Entsetzen
10 le désastre: le grand malheur, la calamité
11 la figure: *syn.* le visage
12 creusé/e *adj.*: *hier* eingefallen
13 la fermeture: ce qui sert à fermer
14 cela... retourner: cela nous donnera le temps nécessaire pour trouver une solution à cette situation ennuyeuse

V

Au bout d'une semaine, ils avaient perdu toute espérance.

Et Loisel, vieilli de cinq ans, déclara :

– Il faut aviser à[1] remplacer[2] ce bijou.

Ils prirent, le lendemain, la boîte qui l'avait renfermé, et se rendirent chez le joaillier[3], dont le nom se trouvait dedans. Il consulta ses livres[4] :

– Ce n'est pas moi, madame, qui ai vendu cette rivière ; j'ai dû seulement fournir l'écrin[5].

Alors ils allèrent de bijoutier[6] en bijoutier, cherchant une parure pareille[7] à l'autre, consultant leurs souvenirs, malades tous deux de chagrin et d'angoisse.

Ils trouvèrent, dans une boutique[8] du Palais Royal[9], un chapelet de diamants[10] qui leur parut entièrement semblable à celui qu'ils cherchaient. Il valait quarante mille francs. On le leur laisserait à trente-six mille.

---

1 aviser à faire qc: réfléchir à ce qu'on doit faire

2 remplacer: mettre qc à la place de qc

3 le joaillier / la joaillière: celui/celle qui travaille des joyaux *m. pl.* (le bijou de valeur *f.*,) qui en vend

4 consulter ses livres *m. pl.*: chercher dans ses livres *m. pl.*

5 l'écrin *m.*: le coffret à bijoux *m. pl.*

6 le bijoutier/la bijoutière: celui/celle qui fabrique ou vend des bijoux *m./pl.*

7 pareil/le *adj.*: égal/e, semblable *m./f.* ≠. différent/e

8 la boutique: le petit magasin

9 le Palais-Royal: l'édifice *m.* construit en 1629 par Lemercier pour Richelieu. Sous les arcades *f. pl.* du Palais se trouvaient autrefois les boutiques *f. pl.* des joailliers *m. pl.* les plus renommés.

10 le chapelet: on fait glisser le ~ entre ses doigts *m. pl.* en récitant des prières *f. pl.*; ~ de diamants *m. pl.*: le collier de diamants *m. pl.*

Ils prièrent donc le joaillier de ne pas le vendre avant trois jours. Et ils firent condition qu'on le reprendrait pour trente-quatre mille francs, si le premier était retrouvé avant la fin de février.
Loisel possédait dix-huit mille francs que lui avait laissés son père. Il emprunterait[1] le reste.
Il emprunta, demandant mille francs à l'un, cinq cents à l'autre, cinq louis[2] par-ci, trois louis par-là. Il fit des billets[3], prit des engagements[4] ruineux[5], eut affaire aux usuriers[6], à toutes les races de prêteurs. Il compromit[7] toute la fin de son existence, risqua sa signature[8] sans savoir même s'il pourrait y faire honneur[9], et, épouvanté[10] par les angoisses de l'avenir, par la noire misère qui allait s'abattre sur[11] lui, par la perspective de toutes les privations[12] physiques[13] et de toutes les tortures morales, il alla

---

1 emprunter qc ≠ prêter qc
2 le louis: monnaie d'or française frappée entre 1640 et 1792, avant 1928, nom donné à la pièce d'or de 20 francs français
3 le billet (à ordre *m.*): en signant un billet, on s'engage à payer une somme à une date précise, soit à la personne indiquée dans le billet, soit à son ordre *m.*, c.-à-d. à toute personne à qui la première aura transmis le billet
4 prendre des engagements *m. pl.*: promettre de faire qc, spécialement de rembourser une somme empruntée
5 ruineux/-euse *adj.*: qui cause la ruine
6 l'usurier/-ière: *péj.* Wucherer/in
7 compromettre qc/qn: etw. gefährden, jdn bloßstellen
8 risquer sa signature: risquer de signer des billets *m. pl.* de prendre des engagements *m. pl.*
9 faire honneur à sa signature: payer un billet à la date fixée, remplir ses engagements *m. pl.*
10 épouvanté/e *adj.*: *syn.* effrayé/e *adj.*
11 s'abattre sur: tomber sur
12 la privation: le besoin ou le désir qui ne peut pas être satisfait
13 physique *adj.*: naturel/le *adj.*, matériel/le *adj.*

chercher la rivière nouvelle, en déposant sur le comptoir[1] du marchand trente-six mille francs.

Quand Mme Loisel reporta la parure à Mme Forestier, celle-ci lui dit, d'un air froissé[2] :

– Tu aurais dû me la rendre plus tôt, car je pouvais en avoir besoin.

Elle n'ouvrit pas l'écrin, ce que redoutait[3] son amie. Si elle s'était aperçue de la substitution[4], qu'aurait-elle pensé ? Qu'aurait-elle dit ? Ne l'aurait-elle pas prise pour une voleuse ?

---

1 le comptoir: la table longue sur laquelle les marchands *m. pl.* étalaient/présentaient leurs marchandises *f. pl.* pour les offrir aux acheteurs *m. pl.*

2 froissé/e *adj.*: *ici* blessé/e, choqué/e

3 redouter: craindre fortement

4 la substitution: l'action *f.* de substituer, c.-à-d. de mettre une chose à la place d'une autre

VI

Mme Loisel connut la vie horrible des nécessiteux[1]. Elle prit son parti[2], d'ailleurs, tout d'un coup, héroïquement. Il fallait payer cette dette[3] effroyable. Elle payerait. On renvoya la bonne ; on changea de logement ; on loua[4] sous les toits une mansarde[5]. Elle connut les gros travaux du ménage, les odieuses[6] besognes[7] de la cuisine. Elle lava la vaisselle[8], usant[9] ses ongles[10] roses sur les poteries[11] grasses[12] et le fond des casseroles[13]. Elle savonna[14] le linge sale, les chemises et les torchons[15], qu'elle faisait sécher sur une corde ; elle descendit[16] à la rue, chaque matin, les ordures[17], et monta l'eau, s'arrêtant à chaque étage pour souffler[18]. Et, vêtue comme une femme du

---

1 le/la nécessiteux/-euse*:* Bedürftige/r
2 prendre son parti de quelque chose: *expr.* accepter qc
3 les dettes *f. pl.*: Schulden
4 louer qc (*p. ex.* une chambre): mieten
5 la mansarde: la chambre située sous un toit
6 odieux/odieuse *adj.:* qui excite la haine, l'indignation *f.*
7 la besogne: le travail, la tâche, l'ouvrage *m.*
8 la vaisselle (→ I – l'argenterie): tout ce qui sert à l'usage *m.* de la table comme les plats *m. pl.*, les assiettes *f. pl.* etc.
9 user qc (→ I – l'usure)
10 l'ongle *m.*: la partie dure qui couvre le dessus du bout des doigts *m. pl.*
11 la poterie: la vaisselle de terre *f.*
12 gras/se *adj.*: *p. ex.* la partie ~ d'une viande; ≠ maigre; le beurre est une substance ~
13 la casserole: l'ustensile *m.* de cuisine en métal *m.*, à manche *m.* (der Stiel) court et à fond plat
14 savonner: nettoyer au savon *m.*
15 le torchon: Scheuerlappen, Spültuch
16 descendre: aller de haut en bas, porter de haut en bas
17 l'ordure *f.*: Schmutz, Abfall
18 souffler: *ici* faire une pause, reprendre son souffle

peuple, elle alla chez le fruitier, chez l'épicier[1], chez le boucher[2], le panier au bras, marchandant[3], injuriée[4], défendant sou[5] à sou son misérable argent.

Il fallait chaque mois payer des billets[6], en renouveler d'autres, obtenir du temps.

Le mari travaillait, le soir, à mettre au net[7] les comptes[8] d'un commerçant[9], et la nuit, souvent, il faisait de la copie à cinq sous la page.

Et cette vie dura dix ans.

Au bout de dix ans, ils avaient tout restitué[10], tout, avec le taux[11] de l'usure[12], et l'accumulation[13] des intérêts superposés[14].

Mme Loisel semblait vieille, maintenant. Elle était devenue la femme forte, et dure, et rude[15], des ménages pauvres. Mal peignée, avec les jupes[16] de travers et les mains rouges, elle parlait haut, lavait à

---

1 l'épicier: Lebensmittelhändler
2 le boucher: celui qui tue les bestiaux *m. pl.* et en vend la viande
3 marchander: discuter le prix de ce qu'on achète
4 injurier qn: jdn beleidigen
5 sou à sou: *expr.* Pfennig für Pfennig
6 renouveler un billet: remplacer un billet (qu'on ne peut payer à l'échéance *f.*) par un autre
7 mettre au net: recopier ce qu'on a écrit, après l'avoir corrigé, *ici* régler les comptes
8 les comptes *m. pl.*: Konten
9 le commerçant: Händler
10 restituer: rendre, rembourser
11 le taux: l'intérêt *m.* annuel produit par une somme de cent francs
12 l'usure *f.*: *ici* l'intérêt *m.* exagéré, trop élevé
13 l'accumulation *f.* → accumuler: mettre l'un sur l'autre, entasser; *p. ex.:* ~ des richesses *f. pl.*
14 les intérêts *m. pl.* superposés *adj.*: les intérêts ajoutés annuellement au capital
15 rude *m./f. adj.*: grossier/ière, peu civilisé/e, peu poli/e
16 la jupe: Rock

grande eau[1] les planchers. Mais parfois, lorsque son mari était au bureau, elle s'asseyait auprès de la fenêtre, et elle songeait à cette soirée d'autrefois, à ce bal où elle avait été si belle et si fêtée.

Que serait-il arrivé si elle n'avait point perdu cette parure ? Qui sait ? Qui sait ? Comme la vie est singulière, changeante ! Comme il faut peu de chose pour vous perdre ou vous sauver !

1 **laver à grande eau:** schrubben

VII

Or, un dimanche, comme elle était allée faire un tour[1] aux Champs-Elysées[2] pour se délasser[3] des besognes de la semaine, elle aperçut tout à coup une femme qui promenait un enfant. C'était Mme Forestier, toujours jeune, toujours belle, toujours séduisante.

Mme Loisel se sentit émue[4]. Allait-elle lui parler ? Oui, certes. Et maintenant qu'elle avait payé, elle lui dirait tout. Pourquoi pas ?

Elle s'approcha.

– Bonjour, Jeanne.

L'autre ne la reconnaissait point, s'étonnant d'être appelée ainsi familièrement par cette bourgeoise.

Elle balbutia :

– Mais... madame !... Je ne sais... Vous devez vous tromper.

– Non. Je suis Mathilde Loisel.

Son amie poussa un cri.

– Oh !... Ma pauvre Mathilde, comme tu es changée !...

– Oui, j'ai eu des jours bien durs, depuis que je ne t'ai vue ; et bien des misères... et cela à cause de toi !...

– De moi... Comment ça ?

---

1 faire un tour: se promener

2 les Champs-Élysées: la célèbre promenade parisienne, située entre la Place de la Concorde et l'Arc de Triomphe de l'Étoile

3 délasser: reposer; → las/se *adj.*: fatigué/e

4 ému/e *adj.:* agité/e, touché/e, attendri/e

– Tu te rappelles bien cette rivière de diamants que tu m'as prêtée pour aller à la fête du Ministère.
– Oui. Eh bien ?
– Eh bien, je l'ai perdue.
– Comment ! puisque tu me l'as rapportée.
– Je t'en ai rapporté une autre toute pareille. Et voilà dix ans que nous la payons. Tu comprends que ça n'était pas aisé[1] pour nous, qui n'avions rien... Enfin c'est fini, et je suis rudement contente[2].

Mme Forestier s'était arrêtée.

– Tu dis que tu as acheté une rivière de diamants pour remplacer la mienne ?
– Oui. Tu ne t'en étais pas aperçue, hein[3] ! Elles étaient bien pareilles.

Et elle souriait d'une joie orgueilleuse[4] et naïve[5].

Mme Forestier, fort émue, lui prit les deux mains.

– Oh ! ma pauvre Mathilde ! Mais la mienne était fausse. Elle valait au plus cinq cents francs !...

---

1 aisé/e *adj.*: facile
2 rudement *adv.* content/e *adj.*: *fam.* très content/e
3 hein: interjection familière d'interrogation *f.* ou de surprise *f.*
4 orgueilleux/-euse *adj.* ≠ modeste *m./f.*, humble *m./f.*
5 naïf/ive *adj.*: naturel/le, sans artifice *m.*